Joachim Richter-Reichhelm

DE DAVO SERVO MENDACI

—

DE AULO FASTIDIOSO

Zwei lustige Geschichten zur Wiederholung lateinischer Gliedsätze

Cornelsen
HIRSCHGRABEN

Inhalt

Bemerkung zur Neuauflage: Falls Exemplare der 1. und einer späteren Auflage gleichzeitig benutzt werden, bitten wir zu beachten, daß in der 2. Auflage ein paar kleinere Textkorrekturen vorgenommen wurden (S. 6, Z. 2 u. 8; S. 8, Z. 6/7 u. 12; S. 20, Z. 8/9 und S. 28, Z. 22–25).

Zeichnungen: Kristin Richter-Reichheim

3. Auflage 1988
Alle Drucke dieser Auflage können, weil untereinander unverändert, im Unterricht nebeneinander verwendet werden.

Satz: Parzeller, Fulda
Druck: Saladruck, Berlin
ISBN 3-454-75100-4
Vertrieb: Cornelsen Verlagsgesellschaft, Bielefeld
Bestellnummer 751004

Vorwort

Die notorische Zeitnot bei der Erarbeitung des sprachlichen Grundkurses verbietet es im allgemeinen, die lateinischen Glied-(Neben-)sätze – außer den cum-, ut- und si-Sätzen, dem Relativsatz und den Komparativsätzen – eingehender zu behandeln. Dies verschiebt man gewöhnlich auf den „Zweiten Durchgang durch die Grammatik", der die Systematisierung der Erscheinungen bringen soll, die im Verlaufe des Lehrbuches mehr additiv oder vokabelmäßig behandelt wurden.

Das für diesen Zweck zur Verfügung stehende Arbeitsmaterial ist jedoch so spärlich gesät, daß der geplagte Lehrer oft genug zu Einzelsätzen greift, um die sprachlichen Erscheinungen zu verdeutlichen. Sofern es sich dabei um Sentenzen, Sprichwörter, Epigramme oder vergleichbares originallateinisches Sprachmaterial handelt, ist dagegen methodisch nichts einzuwenden. Werden aber völlig aus dem Zusammenhang gerissene Passagen dafür herangezogen, nur weil in ihnen zufällig die zur Diskussion stehende grammatische Erscheinung zu finden ist, sind schwere Bedenken anzumelden. Das Fehlen des situativen Kontextes erschwert die sprachreflektorische Arbeit nachhaltig, wenn sie dadurch nicht gar unmöglich gemacht wird. Zudem sind die bekannten Einzelsatz-Sammlungen inhaltlich so wenig ansprechend, daß mit dem „Zweiten Durchgang" oft genug der endgültige Untergang der Freude an Sprachreflexion einhergeht.

Hier versucht das vorliegende Arbeitsheft eine Hilfe anzubieten. Die beiden Fortsetzungsgeschichten müssen zwar jeweils in der gegebenen Abfolge gelesen werden, bieten aber in den einzelnen Kapiteln geschlossene Szenen. Zu Beginn jedes Kapitels wird die Ausgangssituation kurz ins Gedächtnis zurückgerufen. Eine Behandlung der Einzelszenen über einen längeren Abstand hin ist auch deswegen ohne Schwierigkeiten möglich, weil ein Blick auf die Zeichnungen jedem den bisherigen Verlauf sofort plastisch vor Augen stellt.

In diesen Geschichten werden alle lateinischen Glied-(Neben-)sätze in anschauliche Situationen eingebunden, um daraus deren Funktion bzw. ihren semantischen Wert deutlich zu machen. Dabei ist Vollständigkeit in den wichtigsten Erscheinungen angestrebt worden.

Die Gliedsatzarten sind folgendermaßen systematisch zusammengefaßt:

A. De Davo servo mendaci

Kapitel I: Konjunktivische Relativsätze
Kapitel II: Konditionalsätze
Kapitel III: Temporalsätze (ohne Besonderheiten)
Kapitel IV: Temporalsätze (Fortsetzung und Spezialprobleme)
Kapitel V: Kausal-, Konzessiv- und Adversativsätze

B. De Aulo fastidioso

Kapitel I: Besonderheiten indikativischer Relativsätze
Kapitel II: Komparativsätze
Kapitel III: Begehrssätze
Kapitel IV: Final- und Konsekutivsätze
Kapitel V: Indirekte Fragen und Modalsätze

Im Deutschen gleichlautende Konjunktionen, die im Lateinischen differenziert sind (z. B. wenn, während), sind als Kontrastpaare im selben Kapitel zu finden. Die Struktur der lateinischen Sätze ist, soweit möglich, einfach gehalten, um den Blick des Schülers auf das anstehende Problem zu konzentrieren. Ebenso ist der Wortschatz bewußt nicht zu weit gefaßt, um ein zügiges Vorgehen zu ermöglichen. Alle Vokabeln oder Phrasen, die nicht im Grund- und Aufbauwortschatz Klett (Neufassung) vertreten sind, stehen in den Anmerkungen.

Die Texte setzen den Abschluß des Lehrbuches voraus. Sie sollten neben der Anfangslektüre erarbeitet werden und sind somit einsetzbar für Latein 1 ab Klasse 8/9
für Latein 2 ab Klasse 9/10.
Die Verwendungsmöglichkeit für Latein 3 (nach Abschluß des Lehrbuches in Jahrgangsstufe 11) scheint mir zwar nicht ausgeschlossen, doch sei unterstrichen, daß die Texte nicht für diese Altersstufe konzipiert sind.

Die Zeichnungen wollen – neben der oben erwähnten Erinnerungsstütze – die im Zeitalter der Asterix-Hefte und Comics wohl unumgängliche optische Motivationsverstärkung geben. Eine die Sprachreflexion unterstützende Aufgabe beanspruchen sie nur in einigen „Denk- und Sprechblasen".

Zu jedem Kapitel sind eine oder mehrere Seiten dem Text gegenübergestellt, die der Ergebnissicherung dienen sollen. Hier kann der Schüler das situativ erschlossene Sprachmaterial systematisieren. Dazu dienen die von ihm mit Hilfe des Lehrers auszufüllenden Lückentexte, Schemata und graphischen Darstellungen.

Die Länge der Kapitel ist so bemessen, daß sie – je nach der Leistungsfähigkeit der Lerngruppe – in 1 bis 2 Unterrichtsstunden bewältigt werden können, einschließlich der notwendigen Sprachreflexion. Es ist auch möglich, den Schlußabsatz längerer Kapitel für die häusliche Weiterarbeit aufzugeben. Beide Geschichten eignen sich selbstverständlich auch für arbeitsgleichen Gruppenunterricht.

Abschließend sei auf Originalzitate bzw. Quellen hingewiesen:
A. De Davo servo mendaci:
Kapitel II: Suet. Cal. 9 (u. ö.)
Kapitel III: Hor. s. 1, 8, 30 ff. (Puppenzauber)
Ov. met. 7, 190 (dreimaliges Aufheulen beim Zaubern)
Kapitel IV: Ov. Pont. 3, 4, 79
B. De Aulo fastidioso
Kapitel I: Sen. tranqu. II
Kapitel III: Plaut. Capt.; Mil.; Rud. (jeweils Prolog)
Suet. Dom. 4, 1
Kapitel IV: Gell. 5, 14
Sen. epist. 82, 2–3
Kapitel V: Lucr. 3, 1053–1075
Verg. Aen. 6, 295–330. 384–425
Sen. apocol. 14, 4.

Herrn Dr. Gerhard Fink (Nürnberg) fühle ich mich für seine aufmunternde Förderung dieses Unternehmens sehr verbunden. Herrn Studiendirektor Hans Grotz (Dillingen) bin ich für seinen sachkundigen Rat und viele Verbesserungsvorschläge zu großem Dank verpflichtet. Abschließend möchte ich dankbar erwähnen, daß meine Tochter mir durch ihre Zeichnungen zeigte, wie Schüler Latein sehen.
Berlin, im März 1979 Der Verfasser

DE DAVO SERVO MENDACI

Fabulae personae:

Davus

Dominus

Venefica

Latrones

Fingite hanc rem primo p. Chr. n. saeculo haud procul ab urbe Roma gestam esse.

mendāx, -ācis lügnerisch, verlogen

I

Sunt, qui semper mentiantur. Tali ingenio servus quidam erat, nomine Davus.
Aliquando dominus, cuius ceteri servi aegri essent, Davum illum in urbem misit, ut medicinam afferret. Necesse igitur erat dominum Davo, cui diffideret, commendare pecuniam, qua medicinam emeret.

In itinere a latronibus tota pecunia rapta est. Itaque sine medicina Davus ad dominum rediit. Qui domino: ,,Non minus,'' inquit, ,,decem latrones, quod quidem viderim (meminerim), me oppresserunt. Latrones, qui inermi mihi parcerent, totam rapuerunt pecuniam!''

Dominus iratus: „Dignus es," inquit, „qui verbereris! Nulla enim fabula tam absurda est, quin a te fingatur! De hoc latrocinio, quod profecto crederem, nisi tu id narravisses, dubito.
Mihi persuasum est totam te pecuniam perdidisse in taberna. Hoc factum, cuius mox te paeniteat, comprobare non possum!" Et Davus, qui insons esset, tot verberibus affectus est, ut servi iam aegri essent cuncti.

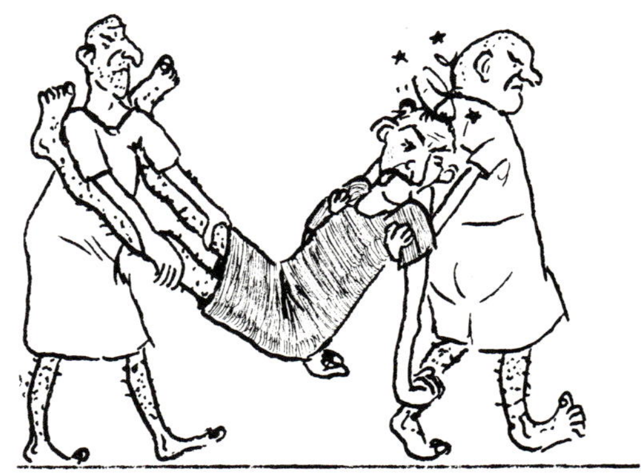

Qui veritati pareat,
dedecora effugiat.

4 medicīna, -ae f	Medizin	14 īnsōns, -ntis	unschuldig
10 absurdus, -a, -um	ungereimt, abgeschmackt	15 verber, -eris n	Schlag; Plur.: Hiebe, Prügel
13 taberna, -ae f	Wirtshaus, Kneipe		

I Konjunktivische Relativsätze

Konjunktivische Relativsätze vertreten Aussagesätze, Begehrssätze oder konjunktivische Adverbialsätze. Ordne die lateinischen Beispielsätze in folgendes Schema ein, gib die genaue Funktion des Relativsatzes an und verwandle ihn ggf. in den entsprechenden Haupt- oder Konjunktionalsatz.

Beispielsatz	Funktion	Umwandlung
A. AUSSAGESÄTZE		
1.	....	....
2.	....	....
B. BEGEHRSSÄTZE		
....	....	....
C. KONJUNKTIVISCHE ADVERBIALSÄTZE		
1.a)	....	
b)		
c)		....
2.	....	....
3.	....	....
4.	....	....
5.	....	....
6.	....	

II

Davus ille, quippe qui a domino vehementer verberatus sit, secum cogitat:

„Si liber essem, me tot verberibus affici non paterer. Sin (autem) ego essem dominus, servum meum tam mendacem ipse quoque certe verberavissem! Quodsi veritati semper paruissem, dominus meus mihi pepercisset. Ergo, cum sanatus ero, mentiri desinam.''

Davus, cum sanatus est, novam vitam acturus domino: „Quid,“ inquit, „faciam, ut fidem mihi habeas?“ Cui dominus respondit: „Sive [seu] pecuniam perditam mihi restitueris, sive [seu] pecuniam a latronibus raptam esse mihi probaveris, fidem tibi habebo.“ Secum autem cogitabat: ‚Davum, nisi pecuniam in taberna perderet, iniuria afficerem. – Ah, nihil ad me! Oderit, dum(modo) [modo] metuat!‘

Deinde Davus, quomodo pecuniam reciperet, semper in animo volutabat: „Si qua venefica latrones illos exsecretur, pecuniam recipiam, nisi forte latrones ipsi praedam iam perdiderunt. – Equidem conabor, si pecuniam vi magica recuperare possim. Si minus, pecuniam domino reddere numquam potero.“

Et iit ad veneficam . . .

9 sānāre	gesund machen, heilen	16 venēfica, -ae f	Zauberin
12 nihil ad mē	es ist mir egal	17 exsecrāri	verfluchen, verwünschen
15 in animō volutāre	nachdenken	20 magicus, -a, -um	zauberisch, magisch, Zauber-

II Konditionalsätze

Konditionalsätze sind der Ausdruck vernunftmäßiger Schlüsse. Im bedingenden Gliedsatz (Voraussetzungssatz) stellt der Sprecher eine Behauptung auf, aus der er im bedingten Hauptsatz (Folgerungssatz) seine Schlüsse zieht. Dabei kann er den Inhalt seiner Behauptung als mit den Tatsachen übereinstimmend, als objektiv gegeben hinstellen („Realis"), oder er kann ihn subjektiv als nur möglich („Potentialis") oder mit der Wirklichkeit nicht übereinstimmend („Irrealis") bezeichnen.

Ordne die lateinischen Beispielsätze diesen Kategorien zu und fülle die folgende Tabelle aus:

A. REALIS

....

....

B. POTENTIALIS

1. **der Gegenwart:** ....

....

2. **der Vergangenheit:** ....

....

C. IRREALIS

1. **der Gegenwart:** ....
2. **der Vergangenheit:** ....

....

	Realis	Potentialis	Irrealis
Gegenwart/Zukunft			
Vergangenheit			

Es heißt: sin (autem): ....; quodsi: ....

sive – sive (seu – seu): ....

nisi: ....; nisi forte (vero): ....

..............................; si minus: ....

Besonderheiten: Si (+ Konj.) nach Verben, die einen **Versuch** oder eine **Erwartung** ausdrücken, heißt im Dt.: ....

Dum(modo), modo (+ Konj.) leiten Gliedsätze ein, die neben der Bedingung gleichzeitig ein Begehren ausdrücken; die Negation ist nē.

Beispiel: ....

....

III

Davus ille haud ignorabat: ,,Quamdiu (dum, donec, quoad) dominus meus pecuniam raptam manibus suis non tenet, mendacissimum me esse putat.“

Erat venefica quaedam, quae arte magica oppidanos, cum auxilio opus erat, adiuvare solebat. Cuius casam cum Davus intravit, venefica carmina murmurabat. Davus autem ad ianuam anxius silentio stabat, quoad (dum, donec) vetula murmurandi finem fecit. Tandem veneficae omnia narravit atque interrogavit, quomodo latronibus pecuniam surripere posset. Cum multas insuper preces addidisset, vetula unicam effigiem lana finxit maiorem compluresque effigies cereas, quae multo erant minores. Tum subito effigiem laneam manu dextra sursum tollens reliquas cera fictas ternis ululatibus in ignem coniecit.

Horruit servus et, dum effigies cereae liquefiunt, vetula: ,,Dave,“ inquit, ,,proficiscere ad tabernam; cui cum appropinquaveris, latrones clamantes iam audies: ibi potant et praedam dividunt et nova scelera excogitant. Cave autem, ne te cognoscant! Si prudenter mentieris, tu solus universos istos superabis – arte mea . . .“

6	casa, -ae f	Hütte
8	murmurāre	murmeln
9	iānua, -ae f	Haustür
10	vetula, -ae f	die Alte
14	surripere, -iō, -ripuī, -reptum	heimlich entwenden
15	īnsuper	obendrein noch
17	effigiēs, -ēī f	Abbild; hier: Puppe
	lāna, -ae f	Wolle
18	cēreus, -a, -um	wächsern, aus Wachs
20	lāneus, -a, -um	aus Wolle
	sūrsum	aufwärts, in die Höhe
	ternī, -ae, -a	je drei
	ululātus, -ūs m	Geheul, Aufheulen
22	liquefacere	(trans.) schmelzen
23	pōtāre, -ō, -āvī, pōtum	unmäßig trinken

IV

Davus, postquam a venefica abiit, pastoralem cultum induit. Sed priusquam ad tabernam profectus est, iure iurando se ipse obstrinxit. ,,Illud ultimum," inquit, ,,invitus mentiar, donec (dum, quoad) pecuniam domini mei latronibus surripiam!"
Dum haec geruntur, latrones in taberna de pecunia, quam Davo abstulerant, rixabantur. ,,Caupo, da merum!" – ,,Tace! Tribue suam cuique portionem praedae!" – ,,Stultus es! Universi huic pecuniae parcamus!" – ,,Sitio, ergo bibamus!" – ,,Vinolenti estis. Antequam alteram nobis praedam non comparaverimus, nihil iam tu potabis!!!" . . .

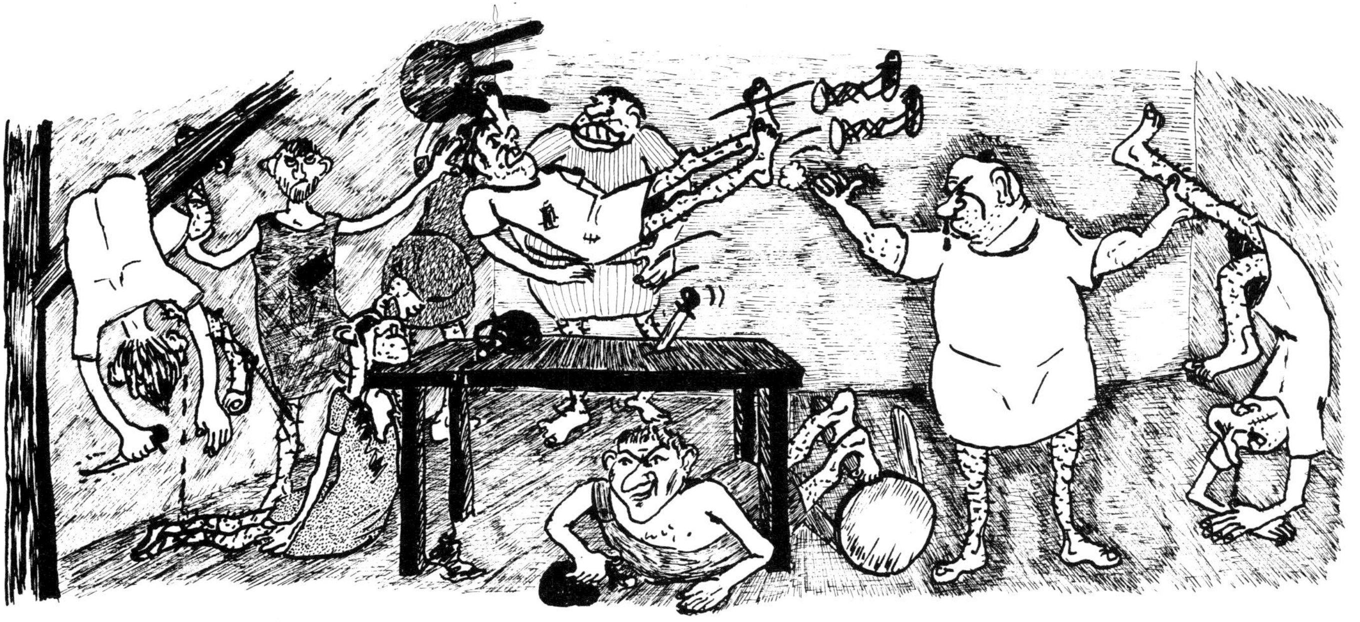

Paulo postquam vestem mutaverat, Davus in taberna consedit et latrones observavit rixantes. Exspectabat, dum (donec, quoad) sacculum nummis refertum unus e latronibus aperiret (aperturus fuit), atque accedens parva voce: ,,Sodales," inquit, ,,thesaurum ingentem vobis comparare possum. Dominus villae cuiusdam haud procul sitae Romam perrexit . . . – Monstrabo vobis viam, si hunc sacculum mihi dederitis."
Vix haec verba Davus fecerat, cum denuo rixa orta est: ,,Mentitur iste!" – ,,Dux esto!" – ,,Date ei pecuniam . . ." – ,,Asine, pecuniam ego retineo!" Tamquam mente capti in manus veniunt.
Inter hunc tumultum Davus sacculum comprehendit citoque serpsit ad ianuam, priusquam latrones ad se redirent. Simul(atque) foras advenit, quam celerrime per tenebras domum ruit. Postquam pecuniam surripuerat (manibus tenebat), in magnam spem servus adductus est.

1	pāstōrālem cultum induere	sich als Hirte verkleiden	9	sacculus, -ī m	Beutel
4	rixārī	zanken, streiten	10	sodālis, -is m	Zechkumpan
	caupō, -ōnis m	Wirt		thēsaurus, -ī m	Schatz
5	merum, -ī n	ungemischter Wein	13	rīxa, -ae f	Streit
	portiō, -ōnis f	Anteil	14	asinus, -ī m	Esel, Dummkopf
6	sitīre	Durst haben		mente captus	verrückt
	vīnolentus, -a, -um	betrunken	16	tenebrae, -ārum f	Finsternis

III/IV Temporalsätze

Ordne die Beispielsätze den graphischen Darstellungen der Haupt- und Nebenhandlungen zu, indem du den lateinischen Text dazuschreibst, und fülle die Tabellen aus.

A. Die Handlung des Glied-(Neben-)satzes [——] verläuft **vor** der des Hauptsatzes [▬▬▬]

1. Die Handlung des Hauptsatzes (HS) **folgt unmittelbar** auf die des Gliedsatzes (GS).

Konjunktion, lat./dt.	
Präd. des lat. GS	

2. Die Handlung des GS geht der des HS vorauf; zwischen beiden Handlungen **kann** eine gewisse Zeit verstreichen.

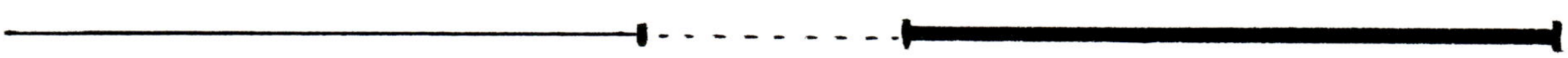

Konjunktion, lat./dt.	
Präd. des lat. GS	

3. Die Handlung des GS geht der des HS vorauf. Das Verhältnis beider Handlungen ist aber nicht nur ein rein zeitliches, sondern die Handlung des HS wäre ohne die vorausgegangene Handlung des GS unverständlich, d. h. beide Sätze stehen im Verhältnis von Ursache (GS) und Folge (HS). – Denkbar ist auch ein gleichzeitiger Verlauf beider Handlungen.

Konjunktion, lat./dt.	
Präd. des lat. GS	

B. Zwei Handlungen verlaufen zeitweise oder völlig **parallel** und können sich ggf. berühren. Dabei kann die Handlung des Hauptsatzes durch die des Gliedsatzes unterbrochen werden.

1. Beide Sätze haben eine einmalige Handlung in der Zukunft zum Inhalt; die Handlung des GS ist hier vorzeitig zu der des HS und berührt sie schließlich. – Denkbar ist auch (völlige) Gleichzeitigkeit.

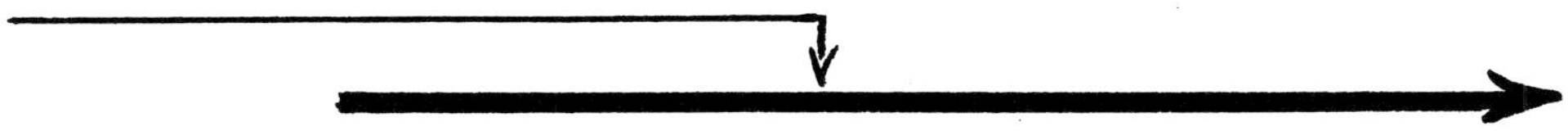

Konjunktion, lat. /dt.	
Präd. des lat. GS	

2. Beide Sätze enthalten lediglich eine reine Zeitangabe. Die zwei Handlungen haben ursächlich nichts miteinander zu tun.

Konjunktion, lat. /dt.	
Präd. des lat. GS	

3. Die Handlungen des HS und GS verlaufen zeitlich völlig parallel.

Konjunktion, lat. /dt.	
Präd. des lat. GS	

4. Während die Handlung des GS im Gange ist, tritt die Haupthandlung ein und verläuft parallel mit der Nebenhandlung weiter.

Konjunktion, lat. /dt.	
Präd. des lat. GS	

5. GS und HS enthalten je eine wiederholte Handlung, die in einem Ursache-Folge-Verhältnis stehen und teilweise gleichzeitig verlaufen.

Konjunktion, lat./dt.	
Präd. des lat. GS	

6. Die Haupthandlung findet ihr Ende in der Unterbrechung durch die Nebenhandlung, die hier in effektiver Aktionsart einen Schlußpunkt setzt.

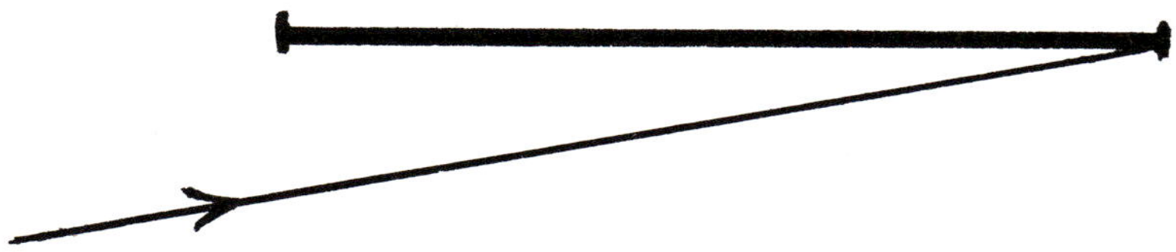

Konjunktion, lat./dt.	
Präd. des lat. GS	

C. Die Handlung des Gliedsatzes verläuft **nach** der Handlung des Hauptsatzes.

1. Die Haupthandlung wird unterbrochen durch den Eintritt der Handlung des GS, der mit ingressiver Aktionsart einen neuen Aspekt ins Spiel bringt.

Konjunktion, lat./dt.	
Präd. des lat. GS	

2. Die Handlung des HS liegt zeitlich vor der des GS; diese muß aber keineswegs unmittelbar an die Haupthandlung anschließen.

Konjunktion, lat./dt.	
Präd. des lat. GS	

3. Der GS, der auf den HS folgt, enthält die eigentliche Haupthandlung („Umkehrung" der normalen Verhältnisse), die plötzlich, manchmal auch unvermutet, eintritt. Der HS, der im Imperfekt oder Plusquamperfekt steht, wird oft durch „vix, iam, nondum" u. a. – auf das cum inversivum hinweisend – eingeleitet.

Konjunktion, lat./dt.	
Präd. des lat. GS	

IV Besonderheiten der Temporalsätze

1. Sätze, die a) mit **dum, donec, quoad**

   b) mit **priusquam, antequam**

eingeleitet sind, treten in den

KONJUNKTIV,

wenn außer dem Zeitverhältnis zwischen HS und GS noch eine **Absicht** ausgedrückt werden soll.

Beispiel zu a): ....

Beispiel zu b): ....

Dieser finale Sinn ist im Deutschen auch durch Umschreibungen kaum wiederzugeben.

2.

a) Bei **postquam** steht das **Plusquamperfekt,** wenn der zwischen Haupt- und Nebenhandlung liegende Zeitraum durch einen Abl. mensurae genauer bestimmt ist:

b) Sätze, in denen nach **postquam** der **Indikativ Präsens, Imperfekt oder Plusquamperfekt** steht, geben einen eingetretenen **Zustand** an: „Jetzt, da . . ." – „seitdem . . ."

V

Davus ille, quoniam (quandoquidem) pecuniam recuperaverat, optime sperabat. Bene ei evenit, quod luna defecerat. Brevi autem tempore timore denuo affectus est: Licet ipse latrones aliquanto antecedat, pro certo habet sibi illos insistere.

„Etiamsi ex fuga me retrahant, vitam quam pecuniam perdere malim. Tum dominus meus Ovidi illud recordetur: ‚Ut desint vires, tamen est laudanda voluntas.'"

Sed Davus, quamquam latrones in cervicibus eius erant, (praesertim) cum se illusos esse intellexissent, omnia pericula effugiens ad villam domini sui advenit atque anhelans in aulam irruit. Etsi (tametsi, etiamsi) vestem mutaverat, canes latrare non coeperunt, quia Davum cognoverunt. Silentio igitur cubitum iit atque postridie pecuniam domino inopinanti laetissimus reddidit, dum praedam surreptam latrones lugent.

„Quamvis maximo sim affectus gaudio," dominus inquit, „quod tu, Dave, pecuniam recuperavisti, tamen me pudet iniuriae meae erga te. Etiamsi damnum illud non sarsisses, ego tibi de diffidentia satisfacere debeo. Itaque vilicum te facio praedii Tusculani, non quod (non quo) tu numquam me deceperis, sed quia me tibi confidere posse compertum nunc habeo. Cum sim dominus tuus, familiarem tamen te esse volo."

Cum se praebuerit mendacem,
se Davus praestat nunc veracem,
fiduciaque fit, qui cavet,
humanus dominus, qui favet.

2	lūna dēficit	der Mond verfinstert sich
3	antecēdere + Akk.	einen Vorsprung haben vor jd.
4	ex fuga retrahere	jd. auf der Flucht einholen
6	in cervicibus alicuius esse	jd. dicht auf den Fersen sein
	illūdere	an der Nase herumführen
7	anhēlāre	keuchen
	aula, -ae f	Hof
	irruere	hineinstürzen
8	lātrāre	bellen, kläffen
9	cubitum īre	schlafen gehen
	inopīnāns, -ntis	nichts ahnend
14	sarcīre, -iō, -rsī, -rtum	flicken; ersetzen
	diffīdentia, -ae f	Mißtrauen
15	vīlicus, -ī m	Verwalter
	praedium, -ī n	Landgut
20	vērāx, -ācis	wahrhaftig, wahrredend
21	fīdūcia, -ae f	Vertrauen; Zuverlässigkeit

V Kausal-, Konzessiv- und Adversativsätze

Ordne die auftretenden Konjunktionen in die Schemata ein und notiere dir gegebenenfalls bemerkenswerte Unterschiede in ihrer Funktion.

Konjunktion lateinisch	Konjunktion deutsch	Anmerkungen zur Funktion
KAUSALSÄTZE im INDIKATIV		
1.		
2.		
3.		
4.		
KAUSALSÄTZE im KONJUNKTIV		
1.		
2.		
3.		
KONZESSIVSÄTZE im INDIKATIV		
1.		
2.		
3.		
4.		
KONZESSIVSÄTZE im KONJUNKTIV		
1.		
2.		
3.		
4.		
5.		
ADVERSATIVSÄTZE im KONJUNKTIV		

Fortsetzung von Seite 4:

V

Da Freund Davus sich das Geld ja wieder verschafft hatte, machte er sich die schönsten Hoffnungen. Es traf sich gut für ihn, daß der Mond sich verfinstert hatte. Bald aber befiel ihn von neuem die Furcht: Mag er auch einen beträchtlichen Vorsprung vor den Räubern haben, er ist ganz sicher, daß sie hinter ihm her sind. „Wenn sie mich auf der Flucht einholen – ich will lieber mein Leben als das Geld verlieren. Dann mag sich mein Herr an den bekannten Vers Ovids erinnern: ‚Zugegeben auch, daß (wenn auch) die Kräfte fehlen, so ist der gute Wille doch zu loben' . . ." Doch Davus entging allen Gefahren, obwohl die Wegelagerer ihm dicht auf den Fersen waren, als sie gemerkt hatten, daß sie an der Nase herumgeführt worden waren; er erreichte das Landhaus seines Herrn und stürzte keuchend in den Hof. Wenngleich er sich verkleidet hatte, schlugen die Hunde doch nicht an, weil sie Davus erkannten. Er ging also in aller Stille schlafen und gab am nächsten Tag seinem nichtsahnenden Herrn freudestrahlend das Geld zurück, während die Räuber der entschwundenen Beute nachtrauerten.
„Wie sehr ich mich auch freue", sprach der Herr, „daß du das Geld wieder herbeigeschafft hast, so schäme ich mich doch auch, daß ich dir unrecht getan habe. Selbst wenn du den besagten Verlust nicht ersetzt hättest, müßte ich dir wegen meines Mißtrauens Genugtuung leisten. Darum mache ich dich zum Verwalter meines Gutes in Tusculum, nicht, weil du (als ob du) mich niemals hinters Licht geführt hättest, sondern weil ich nun der festen Überzeugung bin, dir vertrauen zu können. Obwohl ich dein Herr bin, möchte ich doch, daß du mein Freund bist."
Während Davus früher ein Lügner war, zeigt er sich jetzt der Wahrheit verpflichtet; und so wird durch Zuverlässigkeit (Vertrauen) ein mißtrauischer Herr zu einem menschlichen, der ihm wohlgesonnen ist.

Übersetzung Seite 19–28:

Der gelangweilte Aulus

Text auf Seite 19: Stellt euch vor, diese Geschichte habe sich zu Zeiten des Kaisers Domitian abgespielt. Sollten sich zufällig Ähnlichkeiten mit unserer Zeit ergeben, so sind sie von den Autoren natürlich in keiner Weise beabsichtigt.

I

Menschen, die sehr viel Geld haben, sind oft voll Überdruß. Was sie auch tun, wo sie auch sind, wie sie auch die Zeit totschlagen, fast ekelt sie das Leben an.
Auch Aulus Mutatius Plancus (Aulus, „der sprunghafte Plattfuß") wußte nicht, wie er die Langeweile vertreiben sollte. Er war von ebenso vornehmer wie unsteter Art: Während er sich in Baiae, einer mondänen Stadt, die am Meer lag, aufhielt, packte ihn das Verlangen, die Berge in Bruttium zu besuchen, einer Gegend, die noch völlig unberührt war. Wenig später ließ sich Aulus, da die Einsamkeit nicht viel zu seiner Unterhaltung beigetragen hatte, in Rom von seinen Klienten wieder die Aufwartung machen. Aber auch in der Hauptstadt wollte die Zeit nicht vergehen. Weder machte es ihm Spaß, dem begabtesten der Mimen, mit dem sich seinerzeit niemand messen konnte, zu applaudieren noch sich die Gladiatorenspiele anzuschauen – die grausamsten, die jemals für das Volk veranstaltet wurden. Ja sogar die Gelage, an denen, wie wir wissen, die Römer größte Freude hatten, verschmähte der Ärmste schon.
Schließlich befragte Aulus – wie es kommen mußte – abgeschlafft und teilnahmslos einen Arzt. Der durchschaute, klug wie er war, Aulus bis ins Innerste und brachte ein Heilmittel zur Anwendung, zu dem er nicht geraten hätte, wenn er dessen Nutzlosigkeit vorausgesehen hätte. „Du mußt einmal richtig staunen!" sagte er. „Darum unternimm mit großem Gefolge eine Reise – eine Reise, auf der eine Sensation die andere ablöst. Du mußt die sieben Weltwunder besuchen."

II

Weil Aulus wohlhabend war, sammelte er ein möglichst zahlreiches Gefolge um sich. Viele Freunde wollten, ohne sich nötigen zu lassen, ihn lieber begleiten als in Rom bleiben, und ebenso viele Parasiten taten so, als hätten sie keine Angst vor der Seereise, weil sie auf Belohnungen hofften. Natürlich ging auch eine große Anzahl Sklaven an Bord, wie z. B. Köche, Läufer, Vorleser, Schreiber, ja sogar ein Philosoph.
Man segelte eher schnell als bequem. Je näher das Frachtschiff Alexandria kam, desto mehr hofften alle, Aulus werde sich durch die Größe des Pharus beeindrucken lassen. Schon von weitem ließ er sein Leuchtfeuer erstrahlen. – Doch Aulus maulte: „Nichts Neues! Solche Türme habe ich schon so oft gesehen, wie meine Flotte in Ostia oder Ravenna eingelaufen ist! Der Pharus leuchtet auch nicht anders als deren Feuerzeichen."
Nilaufwärts fuhren sie, als plötzlich ein Flußpferd (aus dem Fluß) auftauchte. Alle gerieten in Panik, als ob sie in den Rachen eines Ungeheuers geblickt hätten. Lediglich Aulus gähnte: „Es sieht ganz ähnlich aus wie das, welches vor vielen Jahren bei den Zirkusspielen von einem Rhinozeros aufgespießt wurde (lat. Aktiv). Solch ein Tierchen kenn' ich schon. Im übrigen scheint es genauso müde zu sein wie ich."

(Fortsetzung siehe Seite 31.)

DE AULO FASTIDIOSO

Fabulae personae:

Aulus Mutatius Plancus, nobilis quidam degeneratus 

Comites servique eius  

Medicus 

Praefectus navis 

Piratae     

Mango 

Leo fastidiosus 

Charon 

Minos  **multique alii**

Fingite hanc rem temporibus Domitiani imperatoris gestam esse. Aetatis nostrae de similitudinibus, si quae casu appareant, auctores nequaquam cogitavisse manifestum est.

I

Quibus hominibus maximae sunt divitiae, ii saepe fastidiosi sunt. Quidquid agunt, ubicumque morantur, utcumque tempus terunt, paene vitae eos taedet.

Aulus Mutatius Plancus quoque nesciebat, quomodo tempus falleret. Qui tam nobili quam mobili genere natus erat: Dum Baiis versatur, quod est oppidum delicatum ad mare situm, cupiditas eum invasit saltus Bruttios visendi, quae inculta sunt loca.

Paulo post Aulus Romam denuo advenit, cui cum solitudo ad oblectandum non multum attulisset, multitudine clientium se salutari cupiebat. Sed in urbe quoque horae tarde ibant. Neque mimorum, cui ingeniosissimo tum nemo praestabat, applaudere neque ludos gladiatorios, quibus nulli umquam crudeliores populo dati sunt, spectare eum iuvabat.

Quin etiam convivia, quae Romanis summo fuisse gaudio scimus, miser ille iam fastidiebat. Tandem Aulus marcens et semper oscitans, id quod necesse erat, medicum consultavit. Qui, qua erat prudentia, Aulum intimum perspexit remediumque adhibuit, cuius si vanitatem providisset, non suasisset. „Te,“ inquit, „stupefieri opus est. Itaque bene comitatus iter suscipe, in quo itinere spectacula spectaculis mutantur. Septem tibi miracula mundi visenda sunt!“

1	fastīdiōsus, -a, -um	voll Überdruß, verwöhnt, aufgeblasen
3	taedet me alicuius rei	ich empfinde vor etw. Ekel, etw. ekelt mich an
6	dēlicātus, -a, -um	luxuriös, mondän
8	oblectāre	zerstreuen, unterhalten
9	mīmus, -ī m	Schauspieler im Mimus
	ingeniōsus, -a, -um	begabt, geistreich, talentiert
10	applaudere, -ō, -sī, -sum	Beifall klatschen, applaudieren
	lūdī gladiātōriī	Gladiatorenspiele
12	fastīdīre	verschmähen
13	marcēre	schlaff sein
	ōscitāre	gähnen; teilnahmslos sein
16	vānitās, -ātis f	Nutzlosigkeit
17	stupefacere, -iō, -fēcī, -factum	in Erstaunen setzen
18	bene cōmitātus	mit großem Gefolge
20	mīrāculum, -ī n	Wunder(werk)

I Besonderheiten indikativischer Relativsätze

Relativsätze können durch folgende Wortarten eingeleitet werden: 1 ....

2 .... 3 ....

Das pron.rel. richtet sich in Genus und Numerus nach ....,

im Kasus nach ....

Bezieht sich der Relativsatz auf den Inhalt des gesamten übergeordneten Satzes, so steht im Lateinischen: .... – Beisp. Z. ....

Abweichungen vom Gebrauch im Deutschen:

1. Das **Beziehungswort** des pron.rel. wird gelegentlich im Relativsatz **wiederholt,** um ihm einen größeren Nachdruck zu verleihen. Beisp. Z. ....; Übers.: ....

....

2. Das **Beziehungswort** erscheint **nur im Relativsatz,** wenn

a) der Relativsatz ein **Vordersatz** ist. Beisp. Z. .... ; Übers.: ....

....

b) das Beziehungswort die Bedeutung einer **Apposition** hat. Beisp. Z. ....;

Übers.: ....

....

c) das Beziehungswort ein **Superlativ** ist. Beisp. Z. .... ; Übers.: ....

....

d) das Beziehungswort Bestandteil einer **Begründung** ist. Beisp. Z. ....;

Übers.: ....

3. Das **pron.rel.** kann am Anfang eines Hauptsatzes **anstatt** eines **pron.dem.** stehen. Diese Konstruktion nennt man: .... (Beisp. Z. ....).

4. **„Relativische Verschränkung“:** Ein Relativsatz ist einem anderen Gliedsatz übergeordnet, der unmittelbar hinter dem pron.rel. steht; dieses selbst ist Satzteil in jenem untergeordneten GS.

   Übersetzungs-„Trick“: ....

   ....

   Beisp. (a) Z. .... ; Übers.: ....

   ....

   Beisp. (b) Z. .... ; Übers.: ....

   ....

5. **A.c.I.** im Relativsatz: Beisp. Z. .... ; Übersetzungs-„Tricks“: ....

   ....

   ....

6. **Komparativ** im Relativsatz: Beisp. Z. .... ; Übers.: ....

   ....

   ....

III

Aulus, ut erat opulentus, quam maximum comitatum contraxit. Quot familiares sua sponte eum comitari malebant quam Romae permanere, tot parasiti praemiorum spe commoti metum navigationis dissimulaverunt. Magnus scilicet numerus servorum navem conscendit, (vel)ut obsonatores, cursores, recitatores, scribae, quin etiam philosophus quidam. Celerius quam commodius navigabant. Quo propius navis oneraria Alexandriam accessit, eo magis omnes Aulum magnitudine Phari stupefactum iri sperabant. Qui iam procul lumen suum ostendit. Sed Aulus: „Nil novi," inquit, „totiens tales turris vidi, quotiens classis mea ad Ostiam Ravennamve appulsa est. Haud secus atque illarum ignis Phari lucet . . ." –

Adverso Nilo navigabant, cum subito hippopotamus e flumine emersus est. Omnes metu exhorruerunt, tamquam (si) [quasi, velut si] monstri rictum conspexissent. Unus Aulus oscitans: „Haud dissimilis est atque quem multis annis ante ludis circensibus rhinoceros perfodit . . . Talem bestiolam iam novi. Ceterum pariter fatigatus esse videtur atque ego." – Ad pyramides sua quisque ratione occupatus erat.

Aulus autem: „Eadem facie sunt, qua monumentum Cesti. Ut illud non tantum est quantae hae, sic Cesti pyramis his multo recentior nec tam exesa quam Aegyptiorum regum. Ah, otii molestiam hic tantopere sentio quantopere in Italia. Quam celerrime pergamus Rhodum!!"

1	cōmitātus, -ūs m	Gefolge
2	parasītus, -ī m	Parasit
	nāvigātiō, -ōnis f	Seereise
3	obsōnātor, -ōris m	Koch
	cursor, -ōris m	Läufer
4	recitātor, -ōris m	Vorleser
5	stupefacere (trans.)	erstaunen
12	hippopotamus, -ī m	Nilpferd
13	ēmergi, -or, -sus sum	auftauchen
	exhorrēscere, -uī	sich entsetzen
14	rīctus, -ūs m	Rachen
16	lūdī circēnsēs	Zirkusspiele
	rhīnocerōs, -ōtis m	Nashorn
17	bēstiola, -ae f	Tierchen
18	pȳramis, -idis f	Pyramide
21	exēsus, -a, -um	verwittert

II Komparativsätze

Vergleichssätze (Komparativsätze) werden eingeleitet durch pronomina correlativa, Pronominaladverbien oder durch „quam“ nach einem Komparativ bzw. einem Ausdruck mit vergleichendem Sinn. Ziehe diese aus dem Text, stelle sie zu Listen zusammen und ergänze diese Zusammenstellung ggf. aus dem Gedächtnis:

Lateinisch	Deutsch	Lateinisch	Deutsch
Korrelativpronomina		**Pronominaladverbien**	
1.	....	1.	....
2.	....	2.	....
	....	3.	....
3.	....	4.	....
4.	....	....	
Komparative Ausdrücke		5.	....
1.	....	6.	....
2.	....	7.	....
	....	8.	....
			....

Besonderheiten:

1. „quam“ + Superlativ wird übersetzt mit: ....
2. „ut – sic (ita)“ kann auch heißen: ....
3. „ut (velut)“ heißt: ....
4. „. . ., ut est (erat)“ + Präd.-Nomen: Der GS hat .... Sinn.
5. Werden zwei Eigenschaften miteinander verglichen, so stehen beide Adjektive bzw. Adverbien im ....

Statt durch „quam“ + Nominativ oder Akkusativ kann ein Vergleich auch ausgedrückt werden durch den Abl. ....
Komparative oder Wörter mit vergleichendem Sinn werden oft durch den Abl. ....
verdeutlicht: ....

In Vergleichen nach Wörtern, die eine Ähnlichkeit, Gleichheit oder deren Gegenteil ausdrücken, heißt das lat. Vergleichswort (dt. „wie“, „als“) meist ac/atque. Stelle aus dem Text solche Wörter zusammen und ergänze diese Liste aus dem Gedächtnis.

....

....

Vergleichssätze, die durch tamquam(si), quasi, velut si eingeleitet werden, enthalten eine bloße Vorstellung und stehen deshalb im ....

III

Rhodum navigans Aulus Mutatius Plancus praefectum navis rogavit, ut horas sermonibus falleret. Qui non recusavit, quin multa ei de colosso Rhodio atque Dianae aedibus Ephesiis narraret.

Cum nitorem huius templi vix quicquam adaequare contendisset, Aulo alicuius novi in mentem venit. „Contendam, ut multo clarius hoc miraculum enitescat: Alter Herostratus ero! Tandem aliquid accidet!“

At prohibitus est hoc facinus committere: Diana ipsa praedonum Liburnicam haud procul a Rhodo iis obiecit.

Praefectus navis terrore affectus gubernatorem piratas effugere iussit. Sed impedire non potuit, quominus [ne] praedones manus ferreas in navem suam inicerent. Itaque, postquam nautis imperavit, ut navem fortiter defenderent, maxime dedit operam, ne piratarum in manus incideret neve necaretur. Comites Auli veriti, ne non [ut] incolumes evaderent, temere discursabant atque piratas orabant et obsecrabant, ut vitam sibi condonarent neque inermes se occiderent. Aulus etiam nunc stupescere fastidio vetitus est: „Iuxta atque in comoediis Plautinis! Ceterum similia in naumachia Domitiani bis adhuc vidi . . . Nil novi . . .“

Expugnata nave praedones omnes admonuerunt, ne quid temere facerent, atque gubernatorem cursum in Ciliciam tenere coegerunt. Constituerant, ut omnes captivos sub corona venderent.

2 Rhodius, -a, -um	auf Rhodus	9 gubernātor, -ōris m	Steuermann
Ephesius, -a, -um	in Ephesus	pīrāta, -ae m	Seeräuber
3 nitor, -ōris m	Glanz	10 manus ferrea	Enterhaken
4 in mentem mihi venit alicuius rei	mir fällt etw. ein	12 discursāre	durcheinanderlaufen
5 ēnitēscere, -uī	erstrahlen	13 condōnāre	schenken
8 Liburnica (navis)	wendiger Schiffstyp	stupēscere	sich entsetzen, stutzen
		fastīdium, -ī n	Blasiertheit, Dünkel

iūxtā atque	ebenso wie
14 cōmoedia, -ae f	Komödie
naumachia, -ae f	künstl. Anlage für Seegefecht
16 vēndere sub corōnā	als Sklaven verkaufen
Bild unten: tītillāre	kitzeln

III Begehrssätze

Gliedsätze, die ein Begehren zum Inhalt haben, vertreten als Satzteile ....

bzw. ....

Sie werden eingeleitet durch ...., verneint .... (Fortsetzung durch .... / ....; falls das erste Satzglied nicht verneint ist, auch durch .... / ....).

Besonders in kurzen Sätzen kann die einleitende Konjunktion fehlen! Abhängige Begehrssätze geben die Gedanken des übergeordneten Subjekts wieder und sind deshalb .... (beachte deshalb das pron.refl.!); sie folgen den Regeln der consecutio temporum (Schema S. 27).

Inhaltliche Gruppierung der übergeordneten Verben	Beispiele aus dem Text und Ergänzungen
1.	....
2.	....
3.	....
4.	....

Im Gegensatz dazu gibt es viele Verben dieser Gruppierungen, von denen anstatt eines Begehrssatzes als Ergänzung eine Aussage im **A.c.I./N.c.I.** abhängig ist. Beispiele aus dem Text: ....

....

Daneben gibt es eine Reihe von Verben, von denen **sowohl ein Begehrssatz als auch ein A.c.I.** abhängig sein kann und deren Bedeutung je nach dieser syntaktischen Fügung verschieden ist. Beispiel aus dem Text und Ergänzungen:

lateinisch	deutsch: **abh. Begehrssatz**	deutsch: **A. c. I.**
....	....	....
....	....	....
....	....	....
....	....	....

Nach den Verben, die eine **Befürchtung** ausdrücken, heißt die deutsche Konjunktion „daß" ...., „daß nicht" .... / .... – Solche Ausdrücke sind: ....

Nach den Verben, die eine **Hinderung, Weigerung, ein Widerstreben, Unterlassen oder Untersagen** ausdrücken, heißt die deutsche Konjunktion „daß" .... / ....; ist der übergeordnete Satz verneint, kann auch .... eintreten. Solche Verben sind: ....

....

IV

Piratae Aulo comitibusque eius eo consilio pepercerant, ut quaestui sibi essent. Ita evenit, ut omnes sub corona venirent.

Cum in pulpito proponebantur, Aulus Mutatius Plancus adeo ceteris non praestabat, ut quibus ipse servis imperaverat (imperavisset), ei praeferrentur. Et obsonatores et cursores, ut exemplum afferam, celerrime plurimo venierunt. Quin etiam philosophum illum magno quidam emit, ut liberos suos erudiret. Parasitos autem praedones tam parvo vendiderunt, ut ne isti (quidem) relinquerentur. Bene piratis accidit, quod mango quidam Aulum denique minimo sibi acquisivit, ut ad leones daretur. Non multum afuit, quin Aulus fleret: ,,Arenam totiens in prima cavea spectavi, ut ludis tempus equidem non fallam. Heu me miserum! Servum me esse factum non paenituerat, quo quid mihi contingeret novi . . .“

In arena – contra atque Aulus prospexerat – aliquid novi accidit: Auli leonem magis taedet, quam ut famem explere velit. Tum primum Aulus stupet! ,,Semper mihi persuaseram fieri non posse, quin omnes a me caperentur!“ Stupor eius fundum non habet, ut ad inferos directe descendat.

Dii superi propterea Aulum opinione celerius in Orcum deiecerunt, ne diutius sibi conspectus eius ferendus esset neve fastidium ei impune abiret.

2 sub corōnā vēnīre	in die Sklaverei verkauft werden
3 pulpitum, -ī n	Brettergerüst
7 mangō, -ōnis m	Sklavenhändler
acquīrere, -ō, -quīsīvī, -sītum	erwerben
8 prīma cavea	erster Rang
13 famem explēre	den Hunger stillen
19 dīrēctē	senkrecht, geradezu
21 impūne abīre	ungestraft bleiben (davonkommen)
Bild oben:	
musca, -ae f	Fliege
textrix, -īcis f	Weberin
notae Tironianae	Kurzschriftsystem (erfunden von Ciceros Sekretär Tiro)

IV Final- und Konsekutivsätze

1. **Finalsätze** haben als Satzteil die Funktion .... Sie sind innerlich abhängig, da sie .... wiedergeben. Die einleitenden Konjunktionen entsprechen denen der abhängigen Begehrssätze: ...., verneint .... (vgl. Kap. III). Wie diese folgen sie den Regeln der consecutio temporum:

Im übergeordneten Satz steht ein →		Haupttempus	Nebentempus
Im abh. Begehrssatz bzw. Finalsatz } steht bei {	Vorzeitigkeit	....	....
	Gleich- oder Nachzeitigkeit	....	....

Manchmal wird auf ein ut finale hingewiesen. Beispiele aus dem Text:

....

„quo" als Einleitung eines Finalsatzes steht für: ....;

dt.: ....

Aufgabe: Verwandle die im Text stehenden Finalsätze in andere lateinische Strukturen, die einen Zweck (eine Absicht) ausdrücken!

2.

a) **Konsekutivsätze** geben Tatsachen wieder, die sich aus den im übergeordneten Satz genannten Tatsachen als .... ergeben. Solche Adverbialsätze haben also nicht die Gedanken eines übergeordneten Subjekts zum Inhalt und sind deshalb **nicht** ....
Daraus folgt, daß sie nicht den strengen Regeln der .... unterliegen und daß die Negation .... ist. Daß ihr Modus trotzdem der .... ist, dürfte aus ihrer Entstehung aus Vergleichssätzen und deliberativen Fragen sowie der Analogie des ut finale erklärbar sein. –
Ist der übergeordnete Satz verneint, kann .... für .... eintreten.
Klingt in einem Konsekutivsatz eine geheime **Absicht** des im übergeordneten Satze Tatsachen schaffenden Subjekts nach, heißt die **Verneinung:** ....
Sammle aus dem Text alle Wörter, die auf **ut consecutivum** hinweisen, ordne sie und ergänze die Liste aus dem Gedächtnis: ....

....

Fehlen diese hinweisenden Wörter, so wird ut consecutivum übersetzt durch: ....

b) Nach **unpersönlichen Ausdrücken des Geschehens** steht im Deutschen ein durch „daß" eingeleiteter .... Im Lateinischen dagegen folgt auf diese Ausdrücke ein Konsekutivsatz unter Beachtung der consecutio temporum. Beispiel aus dem Text:

....

c) Übersetzung für „non multum afuit, quin": ....
„fieri non potest, quin": ....

V

Aulus Mutatius Plancus in arena tantopere stupefactus erat, ut apud inferos eum morantem nunc videamus.

Ad Stygiam paludem Aulus observat, quid umbrae cum Charonte agant: obolo dato cumbam conscendere licet. Sed Aulus nescit, unde obolum nancisceretur. Itaque Charontem interrogat, gratisne se transvecturus sit. Qui expertus, quantas poenas dederit, cum Herculem olim terrore affectus gratis transmiserit, paulisper deliberat, utrum Aulum transvehat necne. Quod, quam iste fraudem inferis faciat, excogitare non potest, Aulum cumbam conscendere iubet.

Paulo post Aulus ante tribunal destitutus est. Minos eum percontatus est, quo ordine ortus esset, quot milia aureorum ei fuissent, quomodo vitam egisset, quare sub corona venisset, quamdiu servus fuisset, quando primum stupefactus esset. Postremo ex eo quaesivit, nonne se frustra vixisse arbitraretur. ,,Haud scio, an frustra vixerim. Sed non dubito, quin permulti homines vitam per ludum degant."

Tum Minos: ,,Quod exspectas iudicium? Dic, quid sentias!" Aulus autem incertus erat, quo se Minos missurus esset, poena(ne) se an praemio affecturus esset.

,,Tu", Minos pronuntiavit, ,,ut soles, tempus teres in aeternum. Damnaris igitur novo genere poenae: perpetua frueris televisione! Forsitan per occasionem tempus quin etiam fefelleris." Gravissime igitur punitur, cum oculos a televisione avertere prohibetur, Aulus Mutatius Plancus. Pelliculas perpetuo pati cogitur, cum paulatim mutetur in Aulum Mutum Planum.

3 obolus, -ī m	Obolus (Münze)
cumba, -ae f	Kahn
4 grātīs (Adv.)	umsonst
5 trānsvehere	hinüberfahren
6 paulisper	ein Weilchen
8 dēstituere, -ō, -uī, -ūtum	(hin)stellen

10 aureus, -ī m	Golddenar
14 permultī, -ae, -a	sehr viele
15 dēgere, -ō	verbringen
20 televīsiō, -ōnis f	neulat.: Fernsehen
forsitan + Konj.	vielleicht
24 pellicula, -ae f	neulat.: Film

V Indirekte Fragen und Modalsätze

1. **Indirekte Fragesätze** sind aus den direkten Fragen entstanden. Man unterscheidet deshalb ebenso wie bei diesen Wortfragen, Satzfragen und Doppelfragen. Die Einleitungen abhängiger Fragesätze entsprechen denen in unabhängigen:

a) **Indirekte Wortfragen** werden eingeleitet durch .... oder ....

Ziehe diese aus dem Text, ordne sie und ergänze die Liste:

....

....

....

b) **Indirekte Satzfragen** werden eingeleitet durch ....

Die Suggerierung der Antwort unterbleibt hier allerdings, so daß das neutrale „ob“ unterschiedslos .... oder .... heißen kann. – „Nonne“ steht nur nach: ....

c) Die Partikeln der **indirekten Doppelfragen** können in folgenden Kombinationen auftreten:

....

.... dt.: ....

„Oder nicht“ heißt in der indirekten Frage meist: ....

Da indirekte Fragen innerlich abhängig sind, unterliegen sie den Regeln der consecutio temporum. Anders als bei den abhängigen Begehrs- und Finalsätzen ist bei ihnen aber die Nachzeitigkeit nicht ohne weiteres aus dem übergeordneten Verb zu folgern (Wünsche sind meist, Absichten immer auf die Zukunft gerichtet!); deshalb muß sie in den abhängigen Fragen eigens durch die coniugatio periphrastica gekennzeichnet werden:

Im übergeordneten Satz steht ein	→	Haupttempus	Nebentempus
Im indir. Fragesatz steht bei	Vorzeitigkeit	....	....
	Gleichzeitigkeit	....	....
	Nachzeitigkeit	....	....

Abhängige **deliberative** Fragen der Vergangenheit unterliegen nicht den Regeln der consec. temp.!

Beispiel im Text: Z. ....; Übers.: ....

....

Die Verben, von denen ein indirekter Fragesatz abhängig sein kann, sind keineswegs nur Wörter aus dem Bedeutungsfeld „fragen, in Erfahrung bringen". Immer, wenn ein Objekt (im Passiv: Subjekt) nicht hinreichend sicher bekannt ist, bevorzugt die lateinische Sprache die Einkleidung in einen indirekten Fragesatz. Gelegentlich geht man dabei so weit, daß selbst bekannte Tatsachen als indirekte Fragen formuliert werden, während im Deutschen in solchem Fall ein Relativsatz steht! Stelle alle Verben aus dem Text zusammen, von denen eine indirekte Frage abhängt.
Versuche eine Gruppierung der Verben (mit Ergänzungen):

Überprüfe durch Rückverwandlung in direkte Fragen:

....

....

....

....

....

....

....

....

„Haud scio (nescio), an . . ." heißt: ....

....

„forsitan" + Konj. .... oder .... heißt: ....

„non dubito (non dubium est), quin . . ." heißt: ....

....

(Letzteres ist seiner Entstehung nach ein indir. Fragesatz mit allen Konsequenzen für die consec. temp.!)

---

2. **Modalsätze** geben die Begleitumstände an, unter denen sich die Haupthandlung vollzieht.
   Fallen beide Handlungen zeitlich und inhaltlich völlig zusammen, so zeigt sich diese Identität im gleichen .... der indikativischen Sätze und am gleichen ....
   Die Einleitung ist das **cum** .... / .... (+ Indik.) (dt.: ....).
   Sonst steht im Gliedsatz der ....;
   die Einleitung ist das **cum** .... (dt.: ....).